BEACH HOUSES

HÄUSER AM MEER
MAISONS EN BORD DE PLAGE
HUIZEN AAN ZEE

Edited by Macarena San Martín

Art director:
Mireia Casanovas Soley

Editorial coordination:
Simone Schleifer

Project coordination:
Macarena San Martín

Texts:
Esther Moreno

Layout:
Esperanza Escudero

Translations: Andrea Farthofer (German), Mary Cecelia Black (English), Jean Marc Bendera (French), Koenraad Van den Driessche (Dutch)
Multilingual management: LocTeam, Barcelona

Editorial project:
2008 © LOFT Publications I Via Laietana, 32, 4.°, Of. 92 I 08003 Barcelona, Spain
Tel.: +34 932 688 088 Fax: +34 932 687 073 I loft@loftpublications.com I www.loftpublications.com

ISBN 978-84-96936-21-8   Printed in China

Cover design: Cover photo: © Ken Hayden
© Claudia Martínez   Back cover photo: © Trevor Mein/Meinphoto

BEACH HOUSES

HÄUSER AM MEER
MAISONS EN BORD DE PLAGE
HUIZEN AAN ZEE

Edited by Macarena San Martín

KOLON

„Der Unterschied zwischen Landschaft und Landschaft ist klein; doch groß ist der Unterschied zwischen den Betrachtern."

Ralph Waldo Emerson, amerikanischer Schriftsteller, Philosoph und Dichte

"The difference between landscape and landscape may be small, but there is great difference in the beholders."

Ralph Waldo Emerson, American writer, philosopher and poet

« La différence entre un paysage et un autre est peut-être infime,
mais la différence entre ceux qui le regardent est immense. »

Ralph Waldo Emerson, écrivain, philosophe et poète américain

"Het verschil tussen het ene landschap en het andere is soms klein maar er is
een grote verscheidenheid onder de beschouwers."

Ralph Waldo Emerson, Amerikaanse schrijver, filosoof en dichter

Dieses Gebäude im typischen Florida-Stil passt perfekt zu seinen Bewohnern, die Segelboote und das Meer lieben. Auf dem Grundstück wurde ein privater Ankerplatz errichtet, und im Gebäude hat man von den Schlafzimmern aus einen atemberaubenden Blick auf das Meer. Das elegante Haus ist mit Parkettböden ausgestattet, die einen starken Kontrast zum Weiß der Wände bilden.

This typical Florida-style structure is especially designed for its residents, lovers of sailing and the ocean. A private mooring berth was built on the yard, and inside the house, the bedrooms, which are face the sea, have breathtaking views. The floors in this elegant home are parquet, and their colour contrasts with the white of the walls.

STRAUSS RESIDENCE

Barry Sugerman

Miami, Florida, USA

Cette structure de style typiquement floridien a été spécialement conçue pour ses occupants, amoureux de la voile et de l'océan. Un ponton privé a été installé à l'arrière et les deux chambres qui donnent sur la mer bénéficient de vues époustouflantes. La couleur du parquet qui recouvre les sols de cette élégante demeure contraste avec le blanc des murs.

Dit huis in typische Florida-stijl werd speciaal ontworpen voor de bewoners ervan, die dol zijn op zeilen en de oceaan. Buiten werd er een privé-aanlegsteiger aangelegd en binnen hebben de slaapkamers een adembenemend zicht op zee. De vloeren van deze elegante woning zijn uitgevoerd in parket, waarvan de kleur mooi contrasteert met het wit van de muren.

Neben dem Korridor, der zu Küche, Wohnzimmer und Esszimmer führt, befindet sich eine Nische mit einem Frühstückstisch und Blick auf die Terrasse.

Next to the gallery leading to the kitchen, living room and dining room, there is a small space overlooking the terrace with a table that is used for breakfast.

Accolé à la galerie menant à la cuisine, au séjour et à la salle à manger, un petit espace occupé par la table du petit déjeuner surplombe la terrasse.

Grenzend aan de galerij die naar de keuken, de woonkamer en de eetkamer leidt, bevindt zich een kleine ruimte met uitzicht op het terras, met een tafel waaraan kan worden ontbeten.

Bei diesem Projekt wollte man mit der Tradition senkrechter Wände brechen. Ein sorgfältig geplanter Entwurf der Architekten brachte schließlich ein Gebäude hervor, in dem abgerundete, dynamische Formen dominieren. Das markanteste Element an dieser Konstruktion ist eine Aluminiumtreppe, die zum Dachgeschoss hochführt, sowie eine Brücke als Verbindung mit dem Schlafzimmer.

The idea behind this home was to break with the tradition of walls that are perpendicular to the floor. A painstaking design by the architects yielded a home in which rounded, dynamic shapes predominate. The most striking feature of the structure is an aluminium staircase leading up to the loft and a bridge that connects it to the bedroom.

IGUANZO RESIDENCE

Luis Lozada

Miami, Florida, USA

L'idée de base de cette maison était de rompre avec la tradition des murs perpendiculaires au sol. Un plan minutieux a permis aux architectes de créer une maison dans laquelle prédominent les formes dynamiques et arrondies. L'escalier en aluminium menant au loft et à un pont reliant ce dernier à la chambre à coucher constitue l'élément le plus frappant de cette structure.

Het idee achter dit ontwerp was breken met de traditie van wanden die loodrecht op de vloer staan. Het arbeidsintensieve ontwerp van deze architecten had als resultaat een woning waarin gebogen, dynamische vormen overheersen. Het meest opvallende element van deze woning is de aluminium trap die naar de loft boven leidt en een loopbrug die deze met de slaapkamer verbindt.

Die Einrichtung in diesem im Retro-Stil gehalteten Haus, das zahlreiche Kitsch-Elemente aufweist, ist einzigartig und wurde vom Architekten, der auch Designer ist, maßgefertigt

The original furniture in this house, with aesthetics reminiscent of retro and kitsch, is unique and was custom-built by the architect, who is also an industrial designer.

Le mobilier original de cette maison, aux lignes rappelant un style rétro et kitsch, a été spécialement conçu par l'architecte qui est également designer industriel.

De originele meubels van deze woning, met een knipoog naar de retro- en kitschesthetiek, zijn uniek en werden speciaal voor de klant ontworpen door de architect, die ook industrieel ontwerper is.

Anders als bei vielen Häusern in ähnlicher
Lage wurden hier keine aufwendigen
Lösungen angestrebt, um den Ausblick
zu verbessern. Das Gebäude verbirgt sich
ein wenig hinter einer Düne und passt
sich der natürlichen Geländeform an.
Die Rückseite wird von einem öffentlichen
Wald geschützt, so dass sich das Haus der
Hektik der Stadt entzieht und die
Privatsphäre gewahrt wird.

Unlike many homes located in similar sites,
this house did not resort to structural
gymnastics in order to maximise the views.
Its structure is more hidden behind a dune
and adapts to the natural slope of the
land. Protected in the rear by a public
forest, the house becomes invisible from
the urban hustle-bustle and gains privacy
and isolation..

HOUSE IN EASTERN VIEW

Hayball Leonard Stent

Victoria, Australia

Contrairement à de nombreuses maisons à des emplacements similaires, celle-ci n'a eu besoin d'aucune pirouette pour profiter des vues. Au contraire, sa structure est cachée derrière une dune et s'adapte à la pente naturelle du terrain. Protégée à l'arrière par un domaine forestier public, la maison est invisible depuis le flot urbain et gagne ainsi en intimité et en isolement.

In tegenstelling tot vergelijkbare locaties werden er bij dit huis geen constructieve hoogstandjes uitgevoerd om een maximaal uitzicht te verkrijgen. Het huis ligt wat meer verborgen achter een duin en past zich aan de natuurlijke helling van het terrein aan. Aan de achterzijde is het door een openbaar bos tegen de stadsdrukte beschermd en wint het aan privacy en isolement.

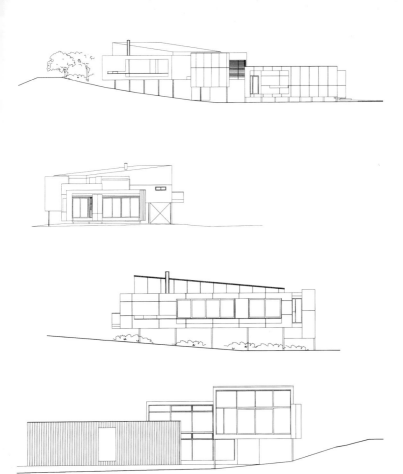

Different elevations that show the storeys of the house

Die Besitzer träumten von einem Haus, das die eindrucksvolle natürliche Umgebung optimal nützt. Dank eines kleinen Waldes wird die gewünschte Abgeschiedenheit sichergestellt, und das Haus ist für Passanten nicht einsehbar.

Le client souhaitait une maison exploitant au mieux l'impressionnant décor naturel. Un bosquet cache partiellement la maison de la vue des passants et offre l'intimité souhaitée par les propriétaires.

The client wanted a house that would make the most of the impressive natural setting. Thanks to a grove of trees, the home is partly hidden from passers-by and enjoys the privacy the owners wanted.

De klant wilde dat de indrukwekkende natuurlijke omgeving optimaal zou worden benut. Een bosje ontrekt het huis deels aan het zicht van voorbijgangers, waardoor de eigenaars kunnen genieten van hun privacy.

Dieses Gebäude aus der Jahrhundertwende wurde renoviert, um mehr Harmonie zwischen den einzelnen Bereichen zu schaffen und diese gänzlich zum Meer hin zu öffnen, ohne die ursprüngliche äußere Struktur zu verändern.
Die gemeinschaftlichen Räume und Gesellschaftsräume wurden im Erdgeschoss untergebracht, während das Spa im Keller seinen Platz fand.

This construction, which dates from the turn of the century, was refurbished with the intention of bringing the different quarters more in harmony with each other and opening them fully to the sea without necessitating any change in the original external structure. The common and entertainment areas were placed on the ground level, while the spa was housed in the basement.

RESIDENCE ON FRENCH RIVIERA

CLS Architetti

France

Cette construction fin de siècle a été rénovée dans le but de mieux harmoniser les différents espaces et de les ouvrir complètement sur la mer sans modifier la structure externe d'origine. Les espaces communs et les zones de loisirs ont été rassemblés au rez-de-chaussée, tandis que le bain à remous a été placé au sous-sol.

Deze constructie, die dateert van rond de eeuwwisseling, werd gerenoveerd om de verschillende ruimten meer met elkaar in harmonie te brengen en deze volledig naar de zee te openen, zonder de originele externe structuur te hoeven wijzigen. De gemeenschappelijke ruimten en recreatieruimten bevinden zich op de begane grond, terwijl de spa in het souterrain ondergebracht werd.

Die augenscheinliche Schlichtheit des Dekors zeigt in Wirklichkeit einen kühnen, eleganten Stil, wie man ihn mit einer luxuriösen und schicken Urlaubsdestination wie der Côte d'Azur verbindet.

The apparent simplicity of the décor actually shows a bold, elegant style typical of a vacation destination associated with luxury and choicer locales like the Côte d'Azur.

L'apparente simplicité de la décoration témoigne en réalité d'un style audacieux et élégant typique d'une destination de vacances associée à des endroits sélects et de luxe, tels que la Côte d'Azur.

De ogenschijnlijke eenvoud van de decoratie vertegenwoordigt een fraaie en elegante stijl die typisch is voor vakantieoorden die geassocieerd worden met luxe en selecte kuststreken, zoals de Côte d'Azur.

Diese Konstruktion ist ein Beispiel für eine umweltfreundliche architektonische Lösung, die sich harmonisch in eine so spektakuläre Umgebung wie die peruanische Küste einfügt. Die solide Struktur steht in perfekter Harmonie zur Umgebung. Die Landschaft beeinflusste auch die Wahl der verwendeten Farben und Materialien.

This design is an example of architecture integrated with a natural setting as spectacular as the Peruvian coast. The architects managed to achieve an environmentally-friendly design by planning the structure of the home as a solid volume anchored in the land in perfect harmony with its surroundings. The landscape also influenced the choice of colours and materials.

EQUIS HOUSE

Barclay & Crousse

Cañete, Peru

Ce plan est un exemple d'architecture
intégrée à un décor naturel aussi
spectaculaire que la côte péruvienne.
Les architectes sont parvenus à créer
un plan respectueux de l'environnement en
concevant la structure de la maison comme
un volume solide ancré dans le terrain
et en parfaite harmonie avec les environs.
Le paysage a également influencé le choix
des couleurs et des matériaux.

Deze woning is een voorbeeld van in
de natuurlijke omgeving geïntegreerde
architectuur, in dit geval de spectaculaire
Peruaanse kust. In het milieuvriendelijke
ontwerp kreeg de structuur van de woning
de vorm van een stevig in de grond
verankerd volume dat in perfecte harmonie
staat tot de omgeving. Het landschap
heeft ook de keuze van de kleuren en
de materialen beïnvloed.

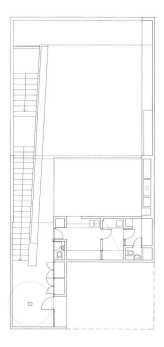

Floor Plan

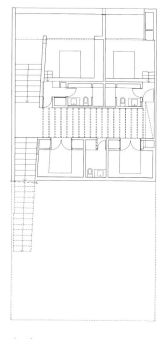

First Floor

Eine geräumige Terrasse, die als vom Menschen geschaffener Strand konzipiert wurde, reicht dank eines besonders schmalen Swimmingpools bis zum Horizont und schafft somit einen Bezug zum Himmel und zum Wasser.

A spacious terrace, designed as a man-made beach, extends to the horizon line via a unique narrow swimming pool. This area is characterised by its relationship with the sky and the water.

Une terrasse spacieuse, conçue comme une plage artificielle, se prolonge jusqu'à l'horizon par une étroite piscine originale. Cet espace est marqué par sa relation avec le ciel et l'eau.

Een ruim terras, dat is ontworpen als een door mensenhanden gemaakt strand, strekt zich via een uniek, smal zwembad uit tot aan de horizon. De ruimte wordt gekenmerkt door de relatie met het water en de lucht.

Das markanteste Element dieses
Strandhauses ist der Kontrast zwischen
innen und außen. Hinter einer eckigen
Fassade verbirgt sich eine Welt, die von
einer geschwungenen Struktur bestimmt
wird und runde Formen und passende
Möbel aufweist. Im Inneren finden sich
kleine, gemütliche Bereiche neben
großzügigen Räumen, wie dem drei
Geschosse hohen Wohnzimmer.

The most outstanding feature of this
beachfront house is the contrasts between
the inside and outside. Behind an angular
façade lies a world ruled by the sinuousness
of the structure, featuring rounded shapes
and the furniture decorating it. The inside
boasts tiny, cosy spaces alongside spacious
areas, like the three-floor high living room.

CAPISTRANO BEACH HOUSE

Rob Wellington Quigley

California, USA

Cette maison en bord de plage se distingue par les contrastes entre l'intérieur et l'extérieur. Sa façade anguleuse cache un monde dominé par les sinuosités de la structure et marqué par les formes arrondies et le mobilier qui en font la décoration. À l'intérieur, des espaces réduits confortables sont juxtaposés à des pièces spacieuses telles que le salon, sur trois niveaux.

Het belangrijkste kenmerk van dit huis aan zee is het contrast tussen binnen en buiten. Achter een hoekige gevel ligt een wereld die overheerst wordt door de gebogen vormen van de structuur, met afgeronde vormen die ook in de meubels terug te vinden zijn. Binnen zijn er zowel kleinere gezellige ruimten als enorm ruime vertrekken, zoals de drie-etages-hoge woonkamer.

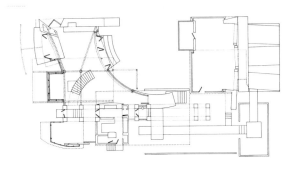

Floor Plan

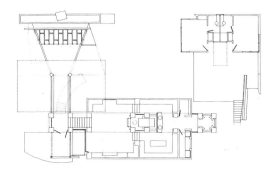

First Floor

Ein von geschwungenen Glaswänden eingerahmter Innenhof beheimatet einen kleinen Garten; in diese bezaubernde, kühle Oase können sich die Bewohner während der heißesten Zeit des Tages zurückziehen.

An inner courtyard bounded by curved glass walls houses a small, well-tended garden and creates a space that is not just charming but also cool, where the residents can take refuge during the hottest time of day.

Une cour intérieure délimitée par des murs de verre courbes abrite un petit jardin bien entretenu et crée un espace non seulement charmant mais également frais où les occupants peuvent se réfugier aux heures les plus chaudes de la journée.

Op de binnenplaats, die wordt omsloten door gebogen glazen wanden, is een kleine, goed onderhouden tuin die niet alleen mooi is maar die ook koelte biedt tijdens de warmste uren van de dag.

Diese majestätische Residenz erreicht man über einen palmengesäumten Weg. Man betritt das Haus über einen riesigen Raum mit Glaswänden, durch die man einen Blick auf die Bar, den Swimmingpool und den Wasserfall im Garten erhascht. Im oberen Geschoss verbindet eine Brücke das Schlafzimmer mit der Terrasse, die über eine Treppe auch vom Garten aus zugänglich ist.

This majestic residence is reached after walking along a path lined by palm trees. Upon entering, an enormous hall with glass walls allows you to glimpse the bar, swimming pool and waterfall in the garden. On the upper floor, a bridge links the bedroom with a terrace, which can also be reached via a stairway in the garden.

LEBOSS RESIDENCE

Barry Sugerman

Miami, Florida, USA

Cette majestueuse résidence est située au bout d'un sentier bordé de palmiers. À l'entrée, un énorme hall aux murs de verre permet d'apercevoir le bar, la piscine et la chute d'eau dans le jardin. Au premier étage, un pont relie la chambre à coucher à une terrasse à laquelle on accède également via un escalier partant du jardin.

Deze majestueuze woning wordt bereikt via een met rijen palmbomen geflankeerde oprijlaan. Men komt binnen in een enorme hal met glazen wanden die een terloopse blik bieden op de bar, het zwembad en de waterval in de tuin. Op de bovenverdieping verbindt een loopbrug de slaapkamer met het terras. Deze kan ook bereikt worden via een trap vanuit de tuin.

Das Innere dieser Residenz wurde elegant und mit hochwertigen Materialien, wie Marmor und Glas, sowie kühlen Farben, wie Violett, Blau und Grün, eingerichtet.

The inside of the residence was decorated in a refined style featuring precious materials like marble and glass and cool colours like violet, blue and green.

La décoration intérieure raffinée de cette résidence fait appel à des matériaux nobles tels que le marbre et le verre et à des couleurs froides comme le violet, le bleu et le vert.

Het interieur van de woning werd ingericht in een geraffineerde stijl, waarbij waardevolle materialen werden gebruikt, zoals marmer en glas, en koele kleuren werden toegepast, zoals paars, blauw en groen.

Die Eigentümer beauftragten den venezolanischen Architekten und Designer Luís Lozada mit der Renovierung dieses 1.280 m² großen Hauses. Dabei konzentrierte sich der Architekt primär auf den Innenbereich; er schuf eine gemütliche, heimelige Atmosphäre, in der man den überwältigenden Ausblick auf den Pier in vollen Zügen genießen kann.

The owners entrusted Venezuelan architect and designer Luís Lozada with the remodelling of this 1,280 m² /13,778 square feet home. The architect's efforts mainly focused on highlighting the inside of the house, creating a cosy, warm place for enjoying the spectacular views of the jetty located just across from the façade.

PENZON RESIDENCE

Luís Lozada

Miami, Florida, USA

Les propriétaires ont chargé l'architecte et designer vénézuélien Luís Lozada de rénover cette maison de 1 280 m². L'architecte s'est principalement attaché à mettre en valeur l'intérieur de la maison, en créant un lieu confortable et chaud offrant des vues spectaculaires sur la jetée devant la façade.

De eigenaars gaven de Venezolaanse architect Luís Lozada de opdracht deze woning van 1.280 m² te renoveren. De architect heeft vooral nadruk willen leggen op de binnenkant van de woning door het creëren van een aangename, gezellige sfeer om te genieten van het spectaculaire uitzicht op de pier die precies tegenover ligt.

Skulpturen, Möbel und Stoffe mit einem starken afrikanischen Einfluss sind über das gesamte Haus verteilt und harmonieren ausgezeichnet mit den erdfarbenen Tönen, die in diesem Haus vorherrschen.

Sculptures, furniture and fabrics, mainly featuring African influences, are scattered all around the inside of the house and seamlessly harmonise with the building's earth tones.

D'influence principalement africaine, les sculptures, le mobilier et les tissus éparpillés dans la maison se marient harmonieusement aux tons ocre du bâtiment.

Sculpturen, meubels en stoffen, die vooral Afrikaanse invloeden uitstralen, zijn overal in de woning terug te vinden en harmoniëren perfect met de aardkleurschakeringen van de woning.

Dieses Jennings Residence genannte Haus befindet sich an der Südküste von Australien, nur wenige Meter von den Klippen des Indischen Ozeans entfernt. Beeinflusst wurde die Gestaltung von der Landschaft, dem fantastischen Blick und dem rauen Klima in dieser Region. Die Lösung war ein kleines gut in die Landschaft integriertes Gebäude.

The Jennings Residence is located just a few feet from the edge of a cliff facing the Indian Ocean on the southern coast of Australia. The landscape, the incredible views and the harshness of the climate in this region were the elements that determined the house's design. The solution consisted of creating a home that would be like a small volume integrated into the landscape.

JENNINGS RESIDENCE

Workroom Design

Warrnambool, Australia

La résidence Jennings se trouve à quelques mètres à peine du bord d'une falaise, face à l'océan Indien sur la côte sud de l'Australie. Le paysage, les vues incroyables et la rigueur du climat de cette région ont déterminé le design de la maison. La solution retenue a été de créer un ensemble conçu comme un petit volume intégré au paysage.

Jennings Residence staat maar enkele meters verwijderd van de rand van een klif aan de Indische Oceaan aan de zuidkust van Australië. Het landschap, het indrukwekkende uitzicht en het hardvochtige klimaat in deze regio waren de elementen die de vormgeving van het huis bepaalden. Dit leidde tot een woning in de vorm van een klein, in het landschap geïntegreerd volume.

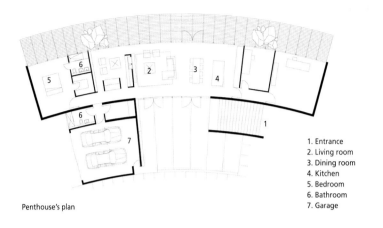

Penthouse's plan

1. Entrance
2. Living room
3. Dining room
4. Kitchen
5. Bedroom
6. Bathroom
7. Garage

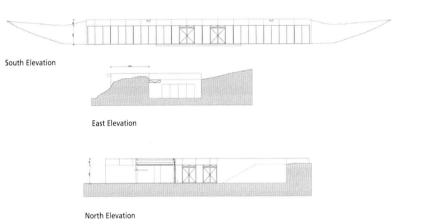

South Elevation

East Elevation

North Elevation

Der Grundriss besteht aus einem einzigen großen Raum mit wenigen Trennwänden und einem Kern, der für Küche, Wohn- und Esszimmer reserviert wurde. Die geraden Linien dieses Hauses setzen sich auch im Inneren fort.

Le plan du sol ressemble à un immense espace contenant juste quelques divisions et un coeur réservé à la cuisine, au salon et à la salle à manger. Les lignes élégantes et dépouillées de la maison trouvent un écho à l'intérieur.

The floor plan is like one huge space with just a handful of partitions with a core that has been set aside for the kitchen, living room and dining room. The streamlined, elegant lines of the home are echoed also inside it.

De plattegrond is één grote ruimte met slechts enkele afscheidingen en een aparte kern voor de keuken, de woonkamer en de eetkamer. Ook binnen ervaart men de gestroomlijnde, elegante lijnen van deze woning.

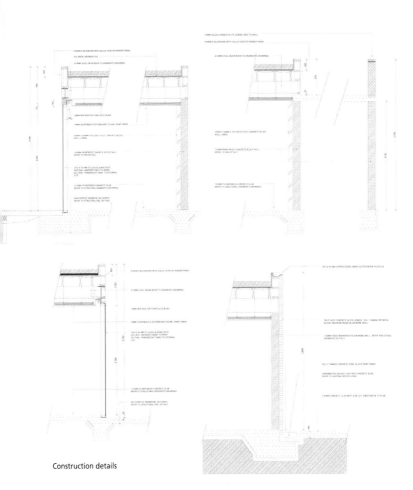

Construction details

Alle Bereiche mit Ausnahme der Garage öffnen sich zur großen Terrasse mit Blick bis zum Horizont. Von hier können aus die Bewohner die Aussicht auf das Meer mit herrlichen Sonnenuntergängen genießen..

All the areas except the garage lead out onto the large terrace facing the horizon, where residents can enjoy views of the ocean and the spectacular sunsets.

Tous les espaces, à l'exception du garage, s'ouvrent sur la grande terrasse face à l'horizon, d'où les occupants peuvent admirer l'océan et de spectaculaires couchers de soleil.

Alle ruimten, behalve de garage, zijn naar buiten gericht, naar het enorme terras aan de horizon, waar de inwoners kunnen genieten van het zicht over de oceaan en spectaculaire zonsondergangen.

Der Zugang zu dieser Villa erfolgt über einen perfekt gepflegten Rasen mit farbenprächtigen Pflanzen und tropischen Bäumen. Das elegante Erscheinungsbild des Äußeren setzt sich innen mit einem klassischen Stil fort. Hinter dem Haus befinden sich der Garten und der Swimmingpool, der nahtlos ins Meer überzugehen scheint und von diesem nur durch einen schmalen Kai getrennt ist.

The entrance to this residence is a wonderfully manicured front lawn teeming with colourful plants and tropical trees. The inside, designed in a classical style, maintains this meticulous, elegant appearance brimming with fine taste. Behind the house is the garden and swimming pool which, separated only by a small area used as a quay, seems to merge with the sea.

SUNSET ISLAND MIAMI

Wallace Tutt/Tutt Renovation & Development

Miami, Florida, USA

Un gazon merveilleusement entretenu, regorgeant de plantes aux couleurs vives et d'arbres tropicaux, marque l'entrée de cette résidence. L'intérieur de style classique parvient à maintenir cet aspect méticuleux, élégant et plein de bon goût. Derrière la maison, le jardin et la piscine, séparés uniquement par un petit espace servant de quai, semblent se fondre dans la mer.

Een prachtig onderhouden gazon, dat volstaat met kleurige planten en tropische bomen, leidt naar de entree van deze woning. Deze verzorgde, elegante indruk wordt voortgezet in het klassieke interieur, dat getuigt van goede smaak. Achter het huis ligt de tuin en het zwembad dat slechts door een smalle, als steiger fungerende strook van de zee is gescheiden.

Dieses Haus ist in zwei Geschosse unterteilt. Im rdgeschoss befinden sich Wohn- und Esszimmer owie die Küche mit außergewöhnlichen albrunden Bögen, während im Obergeschoss ie Privaträume untergebracht sind.

This house is divided into two floors. The lower floor houses the living room, dining room and kitchen, which boasts extraordinary semicircular arches, while the upper floor houses the more private quarters.

Cette maison s'organise sur deux étages. e rez-de-chaussée est occupé par le salon, la salle manger et la cuisine, ornée d'extraordinaires oûtes semi-circulaires, tandis que l'étage upérieur abrite les zones plus privées.

De woning is opgedeeld in twee etages. Op de benedenverdieping met de opmerkelijke halfronde bogen zijn de woonkamer, eetkamer en keuken ondergebracht, terwijl de privé-ruimten zich op de bovenverdieping bevinden.

Dieses auf Lavaformationen an der Westküste von Maui errichtete Haus ist eine spektakuläre Vision von Zivilisation versus Natur. Durch das Riff, das diesen Teil der Küste schützt, konnten die Architekten das Haus sehr knapp zum Wasser bauen. Dieser Faktor sowie der Wunsch nach Privatsphäre und Sicherheit waren zentrale Einflussfaktoren bei diesem Projekt.

Built over lava formations on the western coast of Maui, this house is a spectacular vision of civilisation versus nature. The reefs protecting this stretch of the shore allowed the architects to place the house very close to the breaking waves. This factor, along with a concern for privacy and safety, were key factors in the outcome.

DUNBAR RESIDENCE

Nick Milkovich, Arthur Erickson

Hawaii, USA

Construite sur des formations de lave de la côte ouest de Maui, cette maison est un exemple spectaculaire de l'opposition entre civilisation et nature. Les récifs qui protègent ce bout de côte ont permis aux architectes de placer la maison au plus près des brisants. Cet aspect, ainsi qu'un souci d'intimité et de sécurité, ont été les facteurs clés du résultat obtenu.

Dit huis, dat is gebouwd op lavaformaties aan de westkust van Maui, geeft op spectaculaire wijze de tegenstelling tussen beschaving en natuur weer. Dankzij de riffen die deze kuststrook beschermen konden de architecten het huis zeer dicht bij de brekende golven plaatsen. Dit, plus het nastreven van privacy en veiligheid, waren de sleutelfactoren bij het bereiken van dit resultaat.

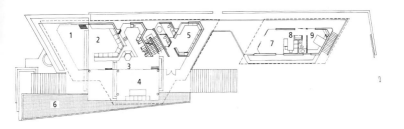

Ground Floor

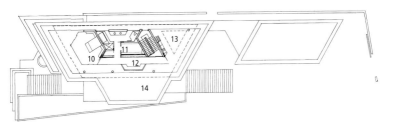

Upper Floor

1. Lower living room
2. Upper living room
3. Dining room
4. Lanai
5. Library

6. Pool
7. Guest living/ Dinning room
8. Kitchen
9. Guest Bedroom

10. Master Bedroom
11. Master Bathroom
12. Study
13. Aviary
14. Landscaped Terrace

Die eckige Struktur dieses Hauses, das von üppiger Vegetation umgeben ist und praktisch im rauen Wasser des Pazifiks versinkt, erinnert an ein Boot im Meer.

The angular structure of this house, surrounded by a lush layer of vegetation and practically submerged in the roiling waters of the Pacific, suggests the shape of a boat plying the ocean.

La structure angulaire de cette maison, entourée par une végétation luxuriante et pratiquement submergée par les eaux agitées du Pacifique, évoque la forme d'un bateau fendant l'océan.

De hoekige structuur van de woning, omgeven door de exuberante vegetatie en als het ware ondergedompeld in het kolkende water van de Stille Oceaan, suggereert de vorm van een boot die de oceaan doorklieft.

Die größte Herausförderung für die Architekten dieses Hauses war die Lage, die keinen guten Blick auf das Meer bot. Das über drei Geschosse verteilte Haus erstreckt sich vom Straßenniveau bis zum Gipfel eines Hanges. Vom obersten Geschoss aus, in dem sich das Wohnzimmer befindet, kann man einen herrlichen Blick auf die Klippen genießen.

The biggest challenge for the architects who designed this house was to solve the problems posed by the location, as there were no good views of the sea. Divided into three floors, the house rears up from street level towards the top of a crag. The upper level, where the living room is located, features wonderful sweeping views of the cliff.

GONTOVNIK HOUSE

Guillermo Arias, Luis Cuartas

arranquilla, Colombia

e plus grand défi auquel les architectes nt dû faire face a été de résoudre les roblèmes posés par l'emplacement qui 'offrait pas de bonnes vues sur la mer. ur trois étages, la maison s'élève depuis e niveau de la rue vers le sommet d'un ocher. Le niveau supérieur, comprenant e salon, offre un somptueux panorama e la falaise.

De grootste uitdaging voor de architecten die deze woning ontwierpen, was het oplossen van de door de ligging veroorzaakte problemen, daar er geen mooi uitzicht op zee was. Het huis is verdeeld in drie etages en stijgt van het straatniveau tot aan de top van een steile rots. De bovenverdieping met de woonkamer biedt een indrukwekkend uitzicht op de steile rotswand.

üche und Esszimmer befinden sich im mittleren
ieschoss, das rund um einen zentralen Hof
ngeordnet ist. Durch die hellen und warmen
Materialien wirken diese Räume besonders
eundlich.

The kitchen and dining room are located on
the middle storey, arranged around a central
courtyard. Thanks to the brightness and warmth
of the materials, these spaces are particularly
welcoming.

a cuisine et la salle à manger se trouvent
l'étage du milieu, autour d'une cour intérieure
entrale. La luminosité et la chaleur des matériaux
endent ces espaces particulièrement accueillants.

De keuken en eetkamer bevinden zich op de
middelste etage, rond een centrale tuin. Dankzij
de klaarheid en de warmte van de gebruikte
materialen geven deze ruimtes een zeer gastvrije
indruk.

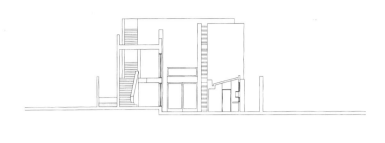

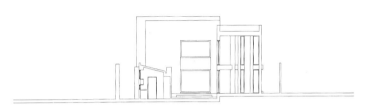

Elevations

Section A-A'

Die Schwierigkeit der Lage lösten die Architekten durch ein komplexes, ansprechendes Design. Die unterschiedlichen Geschosse des Hauses vermitteln das Gefühl, einen strategischen Aussichtspunkt zu erklimmen.

Un plan complexe et séduisant a permis aux architectes de résoudre les difficultés posées par l'implantation. Les niveaux de la maison donnent l'impression de s'élever jusqu'à un point d'observation stratégique.

The architects overcame the difficulties of the location with a complex, attractive design. The different levels of the house give the feeling of climbing up to a strategic vantage point.

De architecten overwonnen de moeilijke ligging met een complex maar aantrekkelijk ontwerp. De verschillende niveaus wekken de indruk van het opklimmen naar een strategisch uitkijkpunt.

Diese Residenz am Strand von Playa
Hermosa ist in drei Geschossen angeordnet.
Die Kunden wünschten sich ein Haus,
das Raum für Gäste und gesellige
Zusammenkünfte ebenso wie für
Privaträume bietet. Alle drei Geschosse
verfügen über Terrassen, die sowohl
den Bewohnern als auch den Gästen den
herrlichen Blick auf das Meer und die
Landschaft bieten.

Located in Playa Hermosa in the city of
Los Angeles, the design of this residence
is organised along a vertical three-level
sequence. The clients wanted a house that
would combine spaces for guests and
social gatherings with private, restricted
quarters. All three floors open up to the
outside with terraces facing the sea which
allow residents and guests alike to enjoy
the landscape.

REYNA RESIDENCE

Dean Nota

Los Angeles, USA

Le plan de cette résidence située à Playa
Hermosa, dans la ville de Los Angeles, est
organisé sur trois niveaux verticaux. Les
clients souhaitaient une maison combinant
des espaces réservés aux invités et aux
réceptions et des zones privées d'accès
restreint. Les trois étages s'ouvrent sur des
terrasses faisant face à la mer, permettant
ainsi aux occupants et aux hôtes de
profiter du paysage.

Het ontwerp van deze woning aan de Playa
Hermosa in Los Angeles houdt een verticale
opeenvolging van drie niveaus in. De klant
wenste een woning die gastenkamers en
sociale ontmoetingsruimten combineerden
met meer intiemere privé-vertrekken. Alle
verdiepingen hebben een terras met zicht
op zee, zodat zowel de bewoners als de
gasten van het landschap kunnen genieten.

Second floor plan

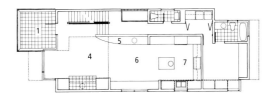

First floor plan

Ground floor plan

1. Terrace
2. Bedroom
3. Bathroom
4. Living room

5. Bar
6. Dining room
7. Kitchen

Das Gästezimmer und das Wohnzimmer befinden sich im Erdgeschoss, das einen einmaligen, von der Halbinsel Palos Verdes und der Insel Santa Catalina eingerahmten Blick bietet.

La chambre d'hôtes et le salon se trouvent au rez-de-chaussée. Le salon bénéficie de vues imprenables, encadrées par la péninsule de Palos Verdes et l'île de Santa Catalina.

The guest bedroom and living room are on the ground floor. The latter has magnificent sweeping views framed by the Palos Verdes peninsula and Santa Catalina island.

De logeerkamer en woonkamer bevinden zich op de benedenverdieping. De woonkamer biedt een adembenemend uitzicht op het schiereiland Palos Verdes en het eiland Santa Catalina.

Eines der zentralen Elemente dieses geräumigen Hauses ist die Vegetation. Ein exotischer Garten mit Orchideen und Palmen umgibt das Gebäude und ist dank der zahlreichen großen Fenster, die den Innen- mit dem Außenraum verbinden, Teil davon. Die Terrasse und der Swimmingpool komplettieren diesen perfekten Ort der Erholung für heiße Tage auf Palm Island.

One of the key elements in this spacious home is the vegetation. An exotic garden featuring orchids and palm trees surround the home and forms part of it thanks to the numerous large windows scattered about the entire house, integrating the indoor and outdoor spaces. The terrace and swimming pool complete this perfect spot for resting on hot Palm Island days.

PALM ISLAND HOUSE

Alfred Browning Parker

Miami, Florida, USA

La végétation constitue l'un des principaux éléments de cette spacieuse maison. Un jardin exotique abritant orchidées et palmiers entoure la maison et s'y intègre grâce à de grandes fenêtres tout le long de cette dernière, qui unissent les espaces intérieurs et extérieurs. La terrasse et la piscine complètent ce coin de repos idéal pour les chaudes journées à Palm Island.

Een van de essentiële elementen in deze ruime woning is de vegetatie. Een exotische tuin met orchideeën en palmbomen omringt het huis en maakt er deel van uit dankzij de talrijke grote ramen, die de binnen- en buitenruimten met elkaar verbinden. Het terras en het zwembad vervolmaken de woning, die gewoon perfect is om de warme dagen op Palm Island comfortabel door te brengen.

Kunst spielt in diesem Haus eine wichtige Rolle.
Skulpturen und Gemälde zieren selbst in
der Küche und den Badezimmern die Wände
und Winkel der Räume.

Art plays a prominent role inside this house.
Sculptures and paintings decorate the walls
and corners of the rooms, even in the kitchen
and bathrooms.

L'art joue un rôle prépondérant dans cette
maison. Sculptures et peintures ornent les murs
et les coins des pièces, jusque dans la cuisine
et les salles de bains.

Kunst speelt een grote rol in het interieur van
deze woning. Sculpturen en schilderijen sieren
de wanden en hoeken van de kamers, en zijn
zelfs in de keuken en de badkamers te vinden.

Die Bauweise dieses auf Fire Island gelegenen Gebäudes ist aufgrund der für Strandhäuser seltenen Materialien einzigartig. Ein Weg aus Holz führt zum Gebäude, das aus zwei Teilen besteht: dem Haupthaus, das ideal für geselliges Beisammensein geeignet ist und einen herrlichen Blick auf das Meer bietet, sowie dem als Atelier verwendeten Gästehaus.

Located on Fire Island, the construction of this house is unique due to the materials used, which are unusual in beach houses. A wooden pathway leads to this home, which is made of two separate parts - the main house, an ideal place for chatting and enjoying ocean views, and the guest house, used as a painting studio.

HOUSE ON FIRE ISLAND

Bromley Caldari, Jorge Rangel

New York, USA

L'originalité de cette maison située sur Fire Island tient aux matériaux de construction utilisés, inhabituels pour une maison en bord de plage. Un sentier en bois mène à la demeure constituée de deux parties distinctes : le corps principal, endroit idéal pour bavarder et contempler l'océan, et l'annexe pour les hôtes, utilisée comme atelier de peinture.

De bouw van dit huis op Fire Island is uniek vanwege de toegepaste materialen, die niet gebruikelijk zijn voor huizen aan zee. Een houten pad leidt naar de ingang van de woning, die bestaat uit twee aparte delen – het hoofdgebouw, een ideale plaats om te converseren en te genieten van het uitzicht op de oceaan, en het gastenverblijf, dat dienst doet als schilderstudio.

Das Haus weist einen Ziegelboden auf. Im Inneren sorgt die Vertäfelung aus Zedern- und Kiefernholz gemeinsam mit den frei liegenden Balken für ein luftiges Flair.

The floor is brick. Inside the house, the use of cedar and pine panelling, coupled with the exposed beams, creates a spacious, airy feel.

Le sol est en briques. À l'intérieur, les lambris en cèdre et en pin associés aux poutres apparentes donnent une impression d'espace aéré.

De vloer is van baksteen. In het huis zorgen het gebruik van panelen uit ceder- en dennenhout in combinatie met de balken die in het zicht blijven, voor een ruimtelijke en luchtige sfeer.

Dieser Wohnkomplex bildet eine gemütliche und komfortable Oase und weist ein kompliziertes Design auf, das primär von der Beschaffenheit des Geländes bestimmt wird. Durch Schaffung unterschiedlicher Bereiche wird eine Neuinterpretation der bestehenden Topografie angestrebt. Die Häuser liegen verschieden hoch und bieten unterschiedliche Ausblicke auf die Landschaft und die Bucht.

This residential complex boasts a complex design mainly determined by the lay of the land which is focused on reinterpreting the existing topography by building a number of different areas. The homes, located at various heights, create multiple views of the landscape and the bay. The complex is a pleasant, comfortable oasis of neighbourliness..

VILLA NAUTILUS

Jaime Varon, Abraham Metta, Alex Metta/Migdal
Arquitectos

Acapulco, Mexico

La complexité du design de cet ensemble résidentiel tient principalement au terrain, en s'attachant à réinterpréter la topographie existante avec plusieurs espaces distincts. Les maisons, placées à des hauteurs différentes, offrent plusieurs points de vue sur le paysage et la baie. L'ensemble constitue une agréable et confortable oasis de bon voisinage.

Het ingewikkelde ontwerp van dit wooncomplex is vooral bepaald door de ligging van het terrein. Door de aanleg van verschillende zones moet de nadruk komen te liggen op een herinterpretatie van de bestaande topografie. De woningen op verscheidene niveaus geven tal van uitzichten op het landschap en de baai. Het complex is een aangename en comfortabele oase van gemoedelijkheid.

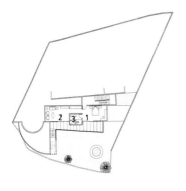

First floor plan

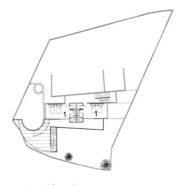

Second floor plan

Third floor plan

1. Bedroom
2. Living room
3. Bathroom
4. Dining room
5. Kitchen
6. Pool

Die Privaträume befinden sich im Obergeschoss. Der Blick von den unterschiedlichen Bereichen ist zur Sonne, zur Umgebung und zur Landschaft hin ausgerichtet.

The private quarters are housed on the upper floor. The views from the different areas are oriented toward the sunlight, the surroundings and the views of the landscape.

Les parties privées sont regroupées à l'étage supérieur. Les vues à partir des différents espaces sont orientées vers le soleil, les environs et le paysage.

De privé-vertrekken zijn ondergebracht op de bovenste etage. Het uitzicht vanuit de verschillende ruimten is georiënteerd naar het zonlicht, naar de omgeving en naar het panoramische uitzicht op het landschap.

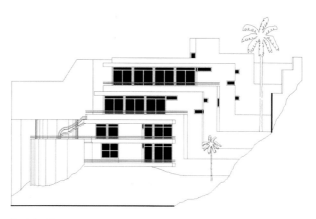

Front elevation

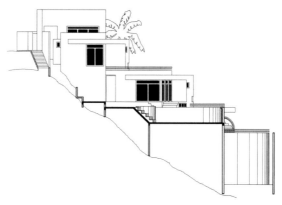

Side elevation

Das Konstruktionsproblem bei diesem Gebäude, das sich auf einem abschüssigen Grundstück befindet, wurde durch Blöcke gelöst, die von tragenden Wänden, soliden Platten und Gewölben gestützt werden.

La difficulté de construction du bâtiment situé sur un terrain en pente a été résolue au moyen de blocs soutenus par des murs porteurs, de solides dalles et des voûtes.

The construction problem for this building, located on a sloping plot of land, was resolved by using blocks held up by load-bearing walls, solid slabs and vaults.

Het constructieprobleem voor dit gebouw, dat op een hellend terrein staat, werd opgelost met behulp van blokken die ondersteund worden door steunmuren, massieve betonplaten en gewelven.

154

Das Poli House steht majestätisch auf einem Felsvorsprung über dem Meer, so als befände es sich auf einer nur von Landschaft umgebenen Plattform. Obwohl die Architekten das Gebäude gerne noch näher zum Rand gebaut hätten, musste dieser Entwurf aus statischen Gründen, die auch das Aussehen des Hauses bestimmten, wieder verworfen werden.

The Poli House rises up majestically on a cliff overlooking the sea, elevated on a platform that confers the sense of being on a podium surrounded only by the landscape. Despite the fact that the idea of placing it even closer to the edge appealed to the architects, ultimately this option had to be rejected for structural reasons, which also determined the building's design.

POLI HOUSE

Pezo Von Ellrichshausen Arquitectos

Península de Coliumo, Chile

La maison Poli se dresse majestueusement sur une falaise face à la mer ; posée sur une plateforme, elle donne l'impression d'être sur un podium entouré uniquement par le paysage. Les architectes pensaient la placer encore plus près du bord, mais cette idée a dû être abandonnée pour des questions structurelles qui ont également déterminé le plan de la construction.

Deze woning staat majestueus op de klippen die boven de zee uitreiken, op een platform dat de indruk wekt een door niets anders dan het landschap omringd podium te zijn. De opzet van de architecten was de woning nog dichter op de rand te plaatsen maar dit idee werd uiteindelijk toch verworpen om structurele redenen die ook de vormgeving van het gebouw bepaalden.

Das Problem des lehmigen Bodens auf
Granituntergrund, auf dem das Haus errichtet
wurde, erforderte eine kompakte Bauweise
mit minimalem Bodenkontakt.

The problems posed by the clayey soil over
a granite base on which the house is built made
it necessary to design a compact volume that
would have minimal contact with the ground.

Les problèmes posés par l'implantation de
la maison sur un sol argileux avec une base
de granite ont imposé la création d'un volume
compact dont le contact avec le sol est
minimum.

De problemen veroorzaakt door de kleiachtige
bovenlaag op de granieten ondergrond waarop
het huis is gebouwd, maakten het noodzakelijk
een compact volume te ontwerpen met zo
weinig mogelijk contact met de grond.

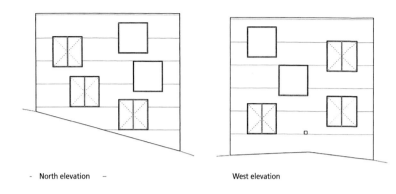

- North elevation –

West elevation

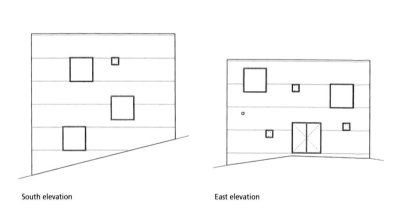

South elevation

East elevation

Das Innere des Hauses zeichnet sich durch eine besondere Leere und Weite in Form eines durchgängigen Raumes aus. Trotz der dicken Wände wirkt das Design leicht und schwerelos.

The inside of the house is an empty mass in the guise of one continuous space. Despite the solidity of the walls, the feeling inside is one of lightness and weightlessness.

L'intérieur de la maison est une masse vide aménagée comme un espace continu. Malgré l'épaisseur des murs, l'intérieur donne une impression de légèreté et d'apesanteur.

De binnenkant van het huis is een open volume dat de schijn wekt één doorlopende ruimte te zijn. Ongeacht de robuuste wanden geeft het interieur toch een gevoel van lichtheid en gewichtloosheid.

Dieses Haus mit seiner wunderbaren Aussicht auf den Pazifik besteht aus zwei schwebenden horizontalen Metallstrukturen, die von einer vertikalen Achse aus Beton getragen werden. Der erste – kleine und kompakte – Teil beheimatet die Privaträume, während im zweiten, helleren Teil die gemeinschaftlichen Räume untergebracht sind.

This home, which has wonderful sweeping views of the Pacific Ocean, is made of two horizontal metal volumes suspended and crossed by a vertical concrete axis that serves as the foundation for both of them. The first part, small and compact, houses the private quarters, while the second one, which is brighter, houses the common areas.

REUTTER HOUSE

Mathias Klotz

Cantagua, Chile

Cette maison, dotée de vues imprenables sur l'océan Pacifique, compte deux volumes métalliques horizontaux suspendus et traversés par un axe en béton vertical qui sert de fondations. Le premier volume, réduit et compact, abrite les zones privées, tandis que les espaces communs se trouvent dans le second volume, plus lumineux.

Deze woning met een prachtig uitzicht op de Stille Oceaan, bestaat uit twee horizontale metalen volumen, die zijn opgehangen aan een verticale betonnen as die als fundering voor beiden onderdelen fungeert. In het eerste deel, dat klein en compact is, zijn de privé-vertrekken ondergebracht, terwijl zich in het tweede, lichtere element de gemeenschappelijke ruimten bevinden.

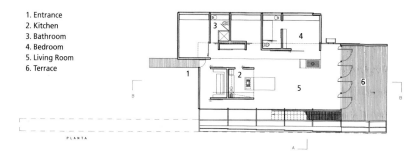

1. Entrance
2. Kitchen
3. Bathroom
4. Bedroom
5. Living Room
6. Terrace

PLANTA

Floor Plan

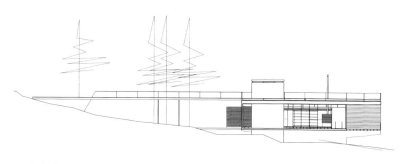

Longitudinal Section

Dieses Haus am Hang eines Kiefernhains mit Blick auf Cachagua Beach eröffnet den Bewohnern einen herrlichen Ausblick auf die Küste und wurde als dynamische, in die Umgebung eingebundene Struktur konzipiert.

Située sur les pentes d'une pinède surplombant la plage de Cachagua, cette maison a été conçue pour offrir à ses occupants les plus belles vues de la côte et constituer un élément dynamique intégré à son environnement.

Located on the slope of a pine grove overlooking Cachagua beach, this house was designed so that the residents could enjoy the best views of the coast and is meant to become a dynamic element that is linked to its surroundings.

Het huis, gelegen op een beboste helling aan Cachagua Beach, werd ontworpen om te kunnen genieten van het fraaie zicht op zee en moet een element worden dat op dynamische wijze met de omgeving wordt verbonden.

Die einfache Struktur dieses Refugiums mit dezenten Linien und lichtdurchfluteten Bereichen greift – insbesondere mit der Holzverkleidung der gesamten Fassade – auf die traditionelle Bauweise dieser Region zurück. Vor dem Hintergrund des Meeres wirkt das Haus hell, während es von der anderen Seite wie eine attraktive Konstruktion wirkt, die die Landschaft neu interpretiert.

The simple structure of this refuge, which boasts subtle lines and light-filled spaces, harks back to the traditional structures in the region, especially with the wood cladding the entire façade. With the sea behind it, the house looks bright, while from the opposite angle it appears as an attractive construction that reinterprets the landscape.

UGARTE HOUSE

Mathias Klotz

Maintecillo, Chile

La structure toute simple de ce refuge aux lignes subtiles et aux espaces lumineux évoque les structures traditionnelles de la région, notamment le parement de bois recouvrant toute la façade. Avec la mer derrière elle, la maison semble lumineuse ; du point de vue opposé, elle apparaît comme une construction attrayante qui réinterprète le paysage.

De eenvoudige constructie van dit onderkomen, met subtiele lijnen en ruimten vol licht, herinnert aan de traditionele bouw van de regio, vooral door het hout waarmee de hele gevel bekleed is. De zee op de achtergrond doet het huis stralen, terwijl het huis vanuit de andere hoek het aspect heeft van een aantrekkelijke constructie die het landschap herinterpreteert.

Die Böden und Wände im Inneren sind holzverkleidet. Die Möbel greifen den Farbton dieses Materials auf, wenngleich einige Stücke diese farbliche Einheitlichkeit durchbrechen.

Inside, the floors and walls are covered with wood. The tones of this material is echoed in the furniture, although several pieces break up this chromatic uniformity.

À l'intérieur, le sol et les murs sont recouverts de bois. Les tons de ce matériau trouvent un écho dans le mobilier, mais quelques éléments viennent briser cette uniformité chromatique.

De vloer en de wanden binnen zijn met hout bekleed. De kleur van dit materiaal is ook gebruikt voor de meubels, alhoewel er ook verscheidene meubelstukken zijn die deze chromatische eenheid doorbreken.

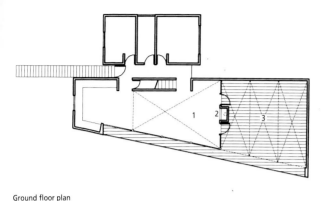

Ground floor plan

1. Living room
2. Chimney
3. Terrace
4. Salon

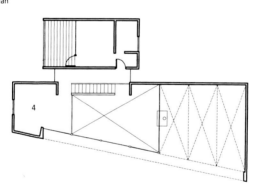

Upper level plan

Das Ugarte House ist ein winziges Wochenendhaus am Rand der Klippen von Maitencillo Sur nördlich von Santiago und bietet einen überwältigenden Blick auf den Pazifik.

The Ugarte House is a tiny weekend refuge located on the edge of the Maitencillo Sur cliffs, north of Santiago, with spectacular views of the Pacific Ocean.

La maison Ugarte, minuscule refuge de week-end au sommet de la falaise Maitencillo Sur, au nord de Santiago, offre des vues spectaculaires sur l'océan Pacifique.

Ugarte House is in feite een klein weekendhuisje dat gelegen is aan de rand van de klippen in Maitencillo Sur, ten noorden van Santiago. Het biedt een spectaculair uitzicht over de Stille Oceaan.

Dieses Projekt an der Küste von Queensland erforderte den vollständigen Umbau eines aus zwei unabhängigen Gebäuden bestehenden Komplexes. Zur Verbindung des vorderen und hinteren Teils kamen sowohl neue als auch wiederverwertete Materialien zum Einsatz. Das Kernstück ist nun ein zentraler Innenhof, der die Bewohner vor dem rauen Klima dieser Region schützt.

Located on the coast of Queensland, this design entailed the complete refurbishment of a building made up of two independent structures. Both new and recycled materials were used to join the front and back sections of the complex. The new hub is now a central courtyard which protects the residents from the harsh climate in the region.

HOUSE IN MERMAID BEACH

Paul Unlmann Architects

Queensland, Australia

Situé sur la côte du Queensland, ce projet a imposé la rénovation complète d'un bâtiment composé de deux structures indépendantes. La jonction des parties avant et arrière du complexe a fait appel à la fois à des matériaux neufs et recyclés. Une cour centrale protégeant les occupants du climat rude de la région constitue à présent le coeur de la structure.

Deze woning aan de kust van Queensland is het resultaat van de totale renovatie van een uit twee onafhankelijke structuren bestaand gebouw. Zowel nieuwe als gerecycleerde materialen werden gebruikt om het voor- en achtergebouw onderling met elkaar te verbinden. Het nieuwe middelpunt is nu een centrale binnenplaats die de bewoners beschermt tegen het barre klimaat in de streek.

Die sowohl im Inneren als auch im Äußeren des Hauses verwendeten Materialien sorgen für ein heimeliges Ambiente und schaffen eine enge Beziehung mit der Umgebung und insbesondere mit dem Meer.

The materials used both inside and outside this house achieve a sense of warmth and forge an intimate relationship with the environs, especially with the sea.

Les matériaux utilisés à l'intérieur comme à l'extérieur de cette maison procurent une sensation de chaleur et instaurent une relation intime avec l'environnement, notamment avec la mer.

De materialen die zowel binnen als buiten toegepast werden, doen de woning een gevoel van warmte uitstralen en zorgen voor een intieme relatie met de omgeving, met name met de zee.

Dieses renovierte Haus auf einem Hügel bietet einen weiten Blick auf die Küste von Santa Monica und Malibu. Aufgrund der maximalen Bauhöhe und des vorgeschriebenen Mindestabstands zwischen den Häusern wurde das Dach als horizontale Abgrenzung, die in die nach außen geneigten Außenwände übergeht, konzipiert. Das sorgt im Inneren für ein noch geräumigeres Ambiente.

Located on a hillside, this refurbished house enjoys sweeping views of the Santa Monica and Malibu coasts. Due to height restrictions and minimum distances between houses, the roof was designed to resemble a horizontal parapet shared by the outer walls, which tilt towards the nucleus. This enhances the feeling of spaciousness inside.

ROCHMAN RESIDENCE

Callas Shortridge Architects

California, USA

Située à flanc de colline, cette maison rénovée bénéficie de vues sur les côtes de Santa Monica et Malibu. En raison des restrictions sur la hauteur des maisons et les distances minimales entre elles, le toit a été conçu comme un parapet horizontal partagé par les murs extérieurs et incliné vers le centre. Cette disposition augmente la sensation d'espace à l'intérieur.

Deze gerenoveerde, op een berghelling gelegen woning, biedt een indrukwekkend uitzicht op de kust van Santa Monica en Malibu. Wegens de hoogterestricties en de minimum afstand tussen de huizen, werd het dak ontworpen in de vorm van een horizontale balustrade waarop de buitenmuren uitkomen en die naar het hart van het huis afhelt. Dit vergroot het gevoel van ruimte in de woning.

Eine orange getönte Gipswand entlang des Eingangs definiert die Querachse des Hauses und trennt die Privaträume im Erdgeschoss von den gemeinschaftlichen Räumen im Obergeschoss ab.

An orange-tinged plaster wall located along the entrance defines the crosswise axis of the house and divides the private quarters on the lower level from the public area on the upper level.

Une paroi de teinte orange le long de l'entrée définit l'axe transversal de la maison et sépare les zones privées du niveau inférieur de la zone publique du niveau supérieur.

Een oranje gepleisterde wand bij de entree definieert de diagonale as van de woning en scheidt de privé-vertrekken beneden van de gemeenschappelijke ruimte op de bovenverdieping.

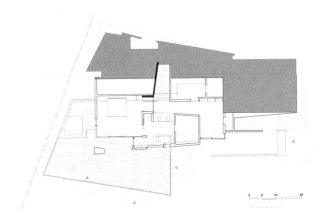

Lower level plan

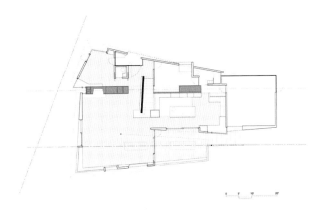

Upper level plan

Die Struktur wird durch große Fenster entlang des gesamten Hauses durchsetzt. Dank dieser Bauweise eröffnet sich von allen Räumen aus ein herrlicher Blick auf die Landschaft.

The original structure is dotted by large windows arranged along the entire house. Thanks to this design, the landscape can be enjoyed from all the rooms.

La structure originale est rythmée par les grandes fenêtres disposées autour de la maison, ce qui permet d'admirer le paysage depuis toutes les pièces.

De oorspronkelijke structuur van het gehele huis is overal bezaaid met grote vensters. Dit ontwerp zorgt ervoor dat men vanuit alle vertrekken volop van het landschap kan genieten.

Eine Treppe im Korridor dieses Hauses
bestimmt den Grundriss und verbindet
die beiden Geschosse miteinander. Mit
unterschiedlichen Eigenschaften für
die Nutzung bei Tag oder Nacht beheimatet
das Erdgeschoss das Ess- und Wohnzimmer
sowie Küche und Sauna, während sich im
Obergeschoss die Schlafzimmer befinden,
die einen herrlichen Blick auf das Meer
und den Swimmingpool freigeben.

A sculptural staircase located in the
hallway of this house determines its layout
and connects both floors. With different
personalities for daytime or night-time use,
the lower floor houses the dining and
living rooms, plus a kitchen and sauna,
while the upper floor houses the
bedrooms, all of which have views
of the sea and the swimming pool.

SEASIDE HOUSE

Miami, Florida, USA

L'escalier sculptural situé dans le hall d'entrée de cette maison en dicte l'organisation et relie les deux étages. Une distinction claire a été instaurée entre les activités de jour et de nuit en rassemblant au rez-de-chaussée la salle à manger, les séjours, une cuisine et un sauna et, à l'étage supérieur, les chambres, toutes dotées de vues sur la mer et sur la piscine.

De sculpturale trap in de entreehal van deze woning bepaalt de indeling ervan en verbindt ook beide verdiepingen. De dag- en nachtruimten hebben een verschillend karakter; op de benedenverdieping werden de woonkamer, de eetkamer, de keuken en de sauna ondergebracht, terwijl de slaapkamers zich op de bovenverdieping bevinden en alle zicht op zee en op het zwembad hebben.

Das Esszimmer mit Blick ins Freie befindet sich im Korridor, der die beiden Hauptgebäude des Hauses verbindet. Die pergolaartige Metallstruktur dazwischen sorgt für ein schönes Spiel mit Licht und Schatten.

The dining room, which faces outdoors, is located in the hallway made by the two main bodies of the house. A pergola-like metal structure built between both creates an appealing play of shadows.

La salle à manger, orientée vers l'extérieur, occupe l'espace intermédiaire entre les deux principaux blocs de la maison. Une sorte de pergola métallique jetée entre ces deux parties crée un jeu d'ombres attrayant.

De naar buiten gerichte eetkamer bevindt zich in de hal die is gevormd door de twee hoofdvolumen van het huis. De pergola-achtige metalen structuur tussen beide onderdelen creëert een verrassend schaduwspel.

Das schmale Grundstück, auf dem diese Villa errichtet wurde, zwang die Architekten, den Raum vertikal sowie zum Wasser hin optimal zu nutzen. Das Haus erstreckt sich über drei Geschosse. Um dem Erdgeschoss nicht zu viel Platz zu rauben, wurde der Swimmingpool in das Obergeschoss gelegt. Dieser verbindet die Terrassen und eröffnet den Bewohnern einen fantastischen Ausblick.

The narrowness of the plot where this residence was built forced the architects to make the most of the space vertically and towards the water. Divided into three floors, the house has a basement and two upper floors. To avoid curtailing the space on the ground level, the architects decided to build the swimming pool on the upper level. By doing so they connected both terraces and offered fantastic views of the landscape.

SHAW HOUSE

Patkau Architects

Vancouver, Canada

L'étroitesse du terrain sur lequel est bâtie cette résidence a contraint les architectes à exploiter l'espace au maximum, à la fois verticalement et en direction de l'eau. Divisée en trois étages, la maison possède un sous-sol et deux étages supérieurs. Pour ne pas rogner l'espace au sol, les architectes ont placé la piscine à l'étage supérieur : ils ont ainsi pu connecter les deux terrasses et dégager de magnifiques vues sur le paysage.

De geringe breedte van dit perceel dwong de architecten ertoe de ruimte optimaal te benutten, zowel verticaal als naar het water toe. Het huis heeft een souterrain en twee verdiepingen. Om de ruimte op de begane grond niet te sterk te beknotten, werd het zwembad op de bovenste verdieping gebouwd. Zo ontstond een verbinding tussen de terrassen met een fantastisch uitzicht.

Die Umrisse der Gebäude von Manhattan verschmelzen mit dem Blau des Himmels. Dadurch entsteht ein charmantes Spiel mit den Farben des Holzes, das den Garten dominiert, der Bepflanzung und des Stahls einiger Details.

The large windows all along the living room manage to flood the inside of this home with light and provide wonderful views of the mountains looming over Vancouver's horizon.

Les grandes fenêtres du salon inondent l'espace intérieur de lumière et offrent de merveilleuses vues sur les montagnes qui se profilent à l'horizon de Vancouver.

De grote, over de hele woonkamer verspreide ramen zorgen ervoor dat de woning volop in het licht baadt en bieden een bijzonder mooi uitzicht op de bergen die zich aftekenen aan de horizon van Vancouver.

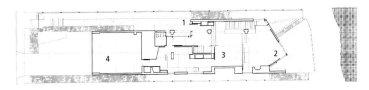

Ground floor

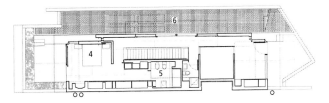

First floor

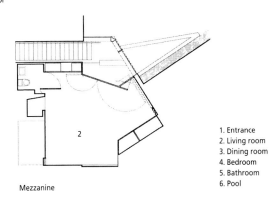

Mezzanine

1. Entrance
2. Living room
3. Dining room
4. Bedroom
5. Bathroom
6. Pool

Die Privaträume befinden sich im Obergeschoss, während die gemeinschaftlichen Räume im Erdgeschoss untergebracht sind. Dank der hohen Decke wirken die kleinen Räume größer.

The private quarters are located on the upper floor, while the lower floor houses the common areas. Inside, the small spaces seem larger thanks to the high ceilings.

Les zones privées sont regroupées à l'étage supérieur, l'étage inférieur étant réservé aux parties communes. À l'intérieur, de hauts plafonds donnent du volume aux petits espaces.

De privé-vertrekken bevinden zich op de bovenverdieping, terwijl de gemeenschappelijke ruimten op de benedenverdieping ondergebracht zijn. Binnen lijken de kleinere ruimtes groter dankzij de hoge plafonds.

Das Design dieses Hauses, das sich zwischen Sanddünen und Teepflanzen eingebettet nur 50 Meter vom Ufer entfernt befindet, passt hervorragend zu seiner idyllischen Lage. Das Haus verfügt sowohl außen als auch innen je nach Wetter über verschiedene Aufenthaltsbereiche und die Bauweise steht in Eintracht mit der Reinheit und Schlichtheit seiner Umgebung.

The design of this home, nestling among sand dunes and tea plants just 164 feet from the seashore, fits perfectly into its idyllic setting. The house has several different alternatives, both inside and outside, for the different weather conditions, and its structure is in harmony with the purity and simplicity of its natural surroundings.

PORT FAIRY HOUSE

Farnan Findlay

Victoria, Australia

Le design de cette maison, nichée parmi des dunes et des plantations de thé à 50 mètres à peine de la côte, s'intègre parfaitement à son décor idyllique. À l'intérieur comme à l'extérieur, la maison peut répondre aux différentes conditions climatiques et sa structure est en harmonie avec la pureté et la simplicité de son environnement naturel.

De vormgeving van deze woning, die op slechts 50 meter van de kust genesteld ligt tussen zandduinen en theeplanten, past perfect in deze idyllische omgeving. Het huis beschikt zowel binnen als buiten over alternatieven voor de verschillende weersomstandigheden, en de structuur ervan is volkomen in harmonie met de puurheid en eenvoud van de natuurlijke omgeving.

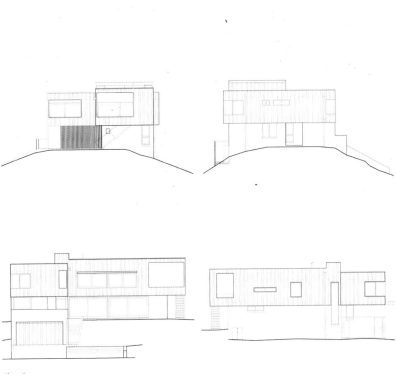

Elevations

Dieses Haus ist ein Beispiel dafür, wie sich Form und Funktion zusammenfügen können, um einen geschützten, privaten Raum zu schaffen, der sich gleichzeitig nach außen und zur Umgebung hin öffnet.

Ce modèle résidentiel montre comment forme et fonction peuvent s'accorder pour donner un espace privé et protégé, mais aussi ouvert sur l'extérieur et sur l'environnement.

This residential design is an example of how form and function can dovetail to achieve a private, protected space that simultaneously opens up to the outdoors and its environment.

Dit woningontwerp is een voorbeeld van hoe vorm en functie perfect kunnen samenspelen om een besloten privé-ruimte te scheppen die tegelijkertijd openstaat naar de ruimte buiten en naar de omgeving.

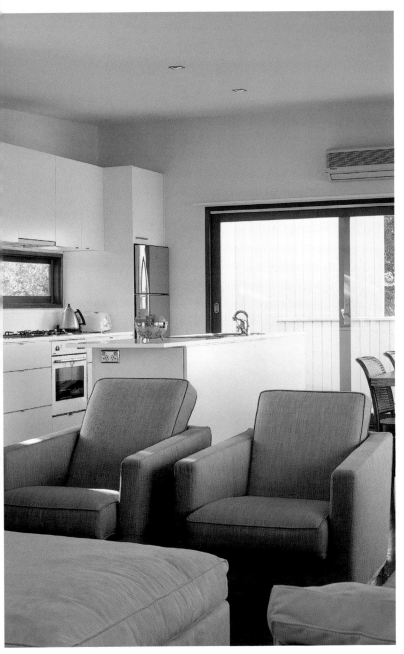

Dieses Haus ist in einer Halbmondform angelegt, sodass alle Räume einen Blick auf den Swimmingpool bieten, der ebenfalls geschwungen ist und sich im Erdgeschoss befindet. Die Innenausstattung weist zahlreiche runde Formen auf und spielt in einem sehr eigenen architektonischen Stil mit Volumen und Höhen. Die dominante Farbe ist Weiß.

This house was built in a half-moon shape so that all the rooms would have views of the swimming pool, which is also curved and located on the lower level. The interior is full of sinuous shapes and interplays of volumes and heights in a highly particular architectural style. As for the colours, white takes centre stage.

WEISS HOUSE

Barry Sugerman

Miami, Florida, USA

Cette maison a été construite en forme de demi-lune, afin que toutes les pièces aient une vue sur la piscine, également courbe et située au niveau inférieur. Les formes sinueuses et les jeux de volumes et de hauteurs à l'intérieur lui donnent un style architectural très particulier. Quant aux couleurs, c'est le blanc qui domine.

Deze woning werd gebouwd in de vorm van een halve maan zodat alle vertrekken uitkijken op het zwembad, dat ook een gebogen vormgeving heeft en zich op een lager niveau bevindt. Het hele interieur zit vol met golvende vormen, terwijl het spel van volumen en hoogten een hoogst individuele architecturale stijl creëert. Wat de kleur betreft, wit speelt hier de hoofdrol.

Jedes Schlafzimmer verfügt über einen eigenen Ankleidebereich sowie ein eigenes Badezimmer. Darin stellen kleine Fliesen in unterschiedlichen Blautönen eine elegante Ergänzung zu den goldenen Armaturen dar.

Chaque chambre dispose de son propre dressing et d'une salle de bains dans laquelle de minuscules carrelages dans un camaïeu de bleus se combinent élégamment à la robinetterie dorée.

Each bedroom has its own wardrobe-dressing area and bathroom. Inside the latter, tiny tiles in a range of blue tones elegantly combine with the gold-coloured faucets.

Elke slaapkamer is voorzien van een kleedruimte en badkamer. In de badkamers combineren de kleine tegeltjes in verscheidene blauwe kleurschakeringen op elegante wijze met de goudkleurige kranen.

Dieses Haus weist einen starken Kontrast zwischen Innen und Außen auf. Die Fassade ist kompakter Zement, doch das Innere strahlt Gemütlichkeit mit futuristischem Design aus. Das Bindeglied zwischen den beiden Teilen stellen Palmen dar, die sowohl entlang der Fassade als auch im Innenhof gepflanzt wurden und dadurch vom Esszimmer aus zu sehen sind.

This house features a stark contrast between the inside and outside. The façade is like a compact cement volume, while the inside is perceived as a cosy space in which futuristic design prevails. Features like palm trees, planted on both the façades and in the inside courtyard overlooking the dining room, link both spaces.

CAPE FLORIDA HOUSE

Laure de Mazieres

Miami, Florida, USA

Cette maison présente un contraste saisissant entre l'intérieur et extérieur. Sa façade de bloc compact en ciment cache un intérieur confortable qui fait la part belle à un design futuriste. Ces deux espaces sont reliés par des palmiers plantés à la fois devant la façade et dans la cour intérieure donnant sur la salle à manger.

Deze woning vertoont een sterk contrast tussen binnen en buiten. De gevel lijkt een compact cementen volume, terwijl de binnenruimte overkomt als een gezellige ruimte waar futuristisch design de boventoon voert. Beide ruimten worden met elkaar verbonden door elementen als de palmbomen, die zowel langs de gevels zijn geplant als op de binnenplaats, die op de eetkamer uitkijkt.

Für die Ausstattung wurden Materialien wie Stein, Glas und Metall kombiniert. Trotz der vorherrschenden kühlen Farbtöne entsteht hier ein gemütliches Flair.

The décor combines materials like stone, glass and metal. The predominant colours are cool tones, yet the combination manages to feel cosy.

La décoration associe des matériaux tels que la pierre, le verre et le métal. L'ensemble donne une impression de confort malgré la prédominance des tons froids.

Bij de inrichting werden materialen gecombineerd als steen, glas en metaal. De overheersende kleurnuances zijn van koele aard maar de combinatie ervan brengt toch een warme sfeer teweeg.

Dieses imposante Haus liegt an der Pazifikküste von Costa Rica und besticht dank seiner Lage durch einen Rundumblick. Das Hauptziel der Architekten bestand darin, das Haus in seine natürliche Umgebung zu integrieren und die Umgebung möglichst wenig zu verändern. Das Ergebnis ist eine minimalistische, zeitgenössische Komposition mit einer innovativen, einzigartigen Bauweise.

This majestic house is situated on the Pacific Coast of Costa Rica, and its location gives it 360-degree views. The architects' main goal was to integrate the home into its natural surroundings, causing minimal impact on the environment. The result is a minimalist, contemporary composition boasting an innovative, unique structure.

OCOTAL BEACH HOUSE

Víctor Cañas, Joan Roca/Aquart

Ocotal, Costa Rica

Cette majestueuse demeure située sur la côte Pacifique du Costa Rica jouit d'un emplacement qui lui offre un panorama de 360 degrés. L'objectif principal des architectes a été d'intégrer la maison à son décor naturel, afin d'en minimiser l'impact sur l'environnement. Le résultat est une composition minimaliste et contemporaine reposant sur une structure innovante et unique.

De ligging van dit majestueuze huis aan de Stille Oceaan in Costa Rica maakt een uitzicht van 360 graden mogelijk. Het hoofddoel van de architecten was het huis zo goed mogelijk te integreren in de natuurlijke omgeving met een zo klein mogelijk effect op de natuur. Het resultaat is een minimalistische, eigentijdse compositie met een innoverende, unieke structuur.

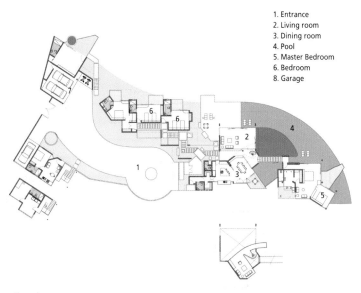

1. Entrance
2. Living room
3. Dining room
4. Pool
5. Master Bedroom
6. Bedroom
8. Garage

Floor plan

Der Swimmingpool befindet sich gegenüber dem Wohnzimmer. Dank eines praktisch unsichtbaren Rands entsteht im Außenhof eine Art unendliche Wasserfläche, die nahtlos in den Ozean überzugehen scheint.

Située en face du salon, dans la cour extérieure, la piscine se transforme, grâce à un contour presque invisible, en une surface d'eau infinie qui se fond imperceptiblement dans l'océan.

The swimming pool is located across from the living room, and thanks to a practically invisible edge, in the outdoor courtyard it becomes a type of infinite surafce of water that blends in with the ocean, creating a seamless appearance.

Het zwembad ligt tegenover de woonkamer en dankzij de vrijwel onzichtbare rand wordt het in de tuin waargenomen als een oneindig wateroppervlak dat naadloos overgaat in de oceaan.

Durch die Wahl der im Inneren und Äußeren des Hauses verwendeten Materialien sowie die einfachen geometrischen Formen fügt sich dieses Haus optisch hervorragend in die Umgebung ein.

The choice of materials used both inside and outside the house, as well as the simple geometric shapes, manage to make this home visually blend in with its environs.

Le choix des matériaux utilisés à la fois à l'intérieur et à l'extérieur, ainsi que les formes géométriques simples, contribuent à donner l'impression que cette maison se fond visuellement dans le décor.

De keuze van de materialen, zowel voor het interieur als voor de buitenruimte, en de eenvoudige geometrische vormen zorgen ervoor dat de woning zich visueel oplost in de omgeving.

DIRECTORY

pg. 12, 68, 226 **Barry Sugerman Architect P.A. AIA.**
12601 NE 7th Avenue, North Miami, FL 33161, USA
+1 305 893 60 55
www.barrysugerman.com
© Pep Escoda

pg. 20 **Luis Lozada**
Photos: © Pep Escoda

pg. 30 **Hayball Leonard Stent Pty Ltd**
Suite 4, 135 Sturt Street, Southbank, Victoria 3006,
Australia
+61 3 96 99 36 44
www.hayball.com.au
© Peter Clarke

pg. 38 **CLS Architetti**
Corso di Porta Romana, 63, 20122 Milan, Italy
+39 02 86 62 47
www.clsarchitetti.com
© Andrea Martiradonna

pg. 50 **Barclay & Crousse Arquitecture**
7, Passage Saint Bernard, 75011 Paris, France
+33 1 49 23 51 36
www.barclaycrousse.com
© Barclay & Crousse

pg. 58 **Rob Wellington Quigley**
434 West Cedar Street, San Diego, CA 92101, USA
+1 619 232 08 88
www.robquigley.com
© Undine Pröhl

pg. 76
© Pep Escoda

pg. 84 **Workroom**
+1 902 478 57 83
www.workroom.ca
© Trevor Mein/Meinphoto

pg. 94 **Wallace Tutt/Tutt Renovation &
Development Inc.**
© Pep Escoda

pg. 102 **Nick Milkovich**
Suite 303, 375 West 5th Avenue, BC, Canada
+1 604 737 60 61
www.milkovicharchitects.com
Arthur Erickson
www.arthurerickson.com
© Ron Dahlquist

pg. 112 **Guillermo Arias y Luis Cuartas**
© Andrés Lejona

pg. 120 **Dean Nota Architect**
2465 Myrtle Avenue, Hermosa Beach, CA 90254, USA
+1 310 374 5535
www.nota.net
© Erhard Pfeiffer

pg. 130 **Alfred Browning Parker**
PO Box 115702, Gainesville, FL 32611-5702, USA
+1 352 392 48 36
© Pep Escoda

pg. 138 **Bromley Caldari Architects PC**
242 West 27th Street, New York, NY 10001, USA
+1 212 620 42 50
www. bromleycaldari.com
Jorge Rangel
Lafont 22, 08004 Bacelona, Spain
+ 34 616 51 52 79
© José Luis Hausmann